MÉMOIRE
en Images

CHERBOURG
TOME II

Michel Hébert et Philippe Coligneaux

Editions Alan Sutton
8, rue du Docteur Ramon
37540 Saint-Cyr-sur-Loire

Première édition septembre 1996
Copyright © Michel Hébert et Philippe Coligneaux 1996
Tous droits réservés. Crédit photographique, droits réservés pour les ayants droit non identifiés.

En vertu de la loi n° 92-597 du 1er juillet 1992 portant création du code de la propriété intellectuelle, l'auteur d'une œuvre de l'esprit jouit sur cette œuvre, du seul fait de sa création, d'un droit de propriété intellectuelle exclusif et opposable à tous (1re partie, art. L. 111-1). Par ailleurs, toute reproduction intégrale ou partielle faite sans le consentement de l'auteur ou de ses ayants droit ou ayants cause est illicite. Il en est de même pour la traduction, l'adaptation ou la transformation, l'arrangement ou la reproduction par un art ou un procédé quelconque (art. L. 122-4). Toute édition ou reproduction d'une œuvre de l'esprit faite en violation des droits de l'auteur, tels que définis par la loi, est un délit de contrefaçon puni d'un emprisonnement et d'une amende (art. L. 335-1 à 3). La copie strictement réservée à l'usage privé de la personne qui la réalise est autorisée, ainsi que les analyses et les courtes citations, sous réserve de la mention d'éléments suffisants d'identification de la source (art. L. 211-3).

ISBN 2-84253-010-1

ISSN 1355-5723

Dépôt légal : septembre 1996
Imprimé en Grande-Bretagne par Oaklands Book Services Limited, Gloucestershire

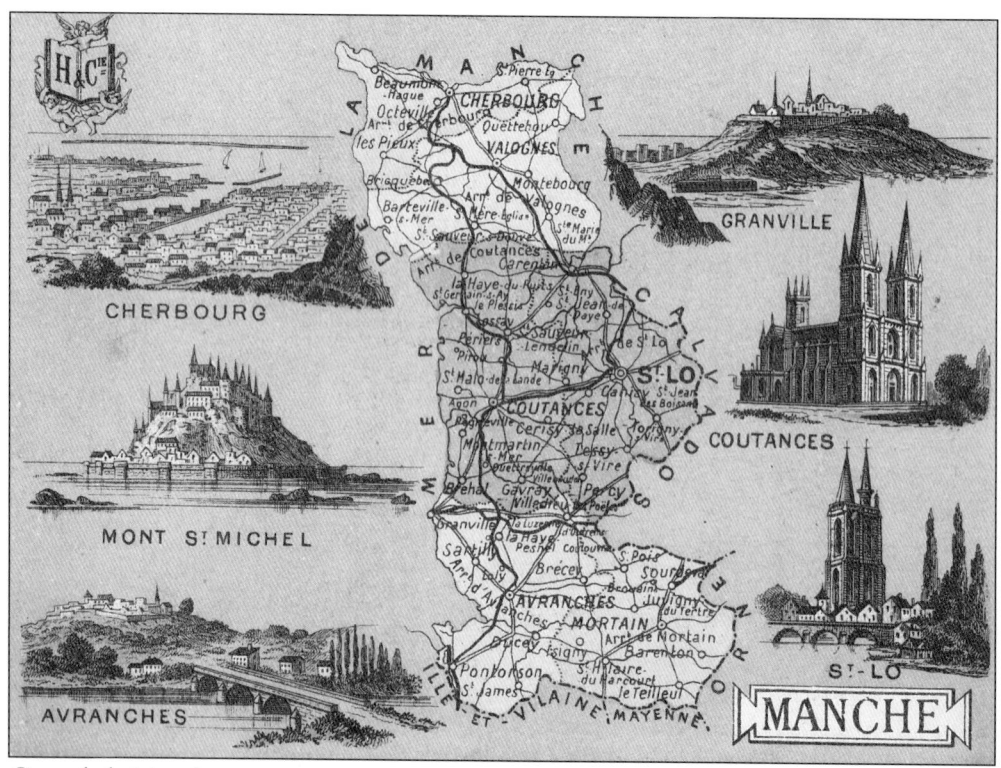

Carte de la Manche.

Table des matières

Remerciements et bibliographie   7

1. Flânons dans la ville   9
2. Le port militaire et l'arsenal   21
3. Le port transatlantique et la gare maritime   33
4. Le port de commerce   45
5. Etablissements publics et privés   57
6. Les églises et sanctuaires cherbourgeois   69
7. Commerce et artisanat   79
8. Casernes et vie militaire   93
9. Grands événements et fêtes locales   105
10. Cherbourg et l'ouest du Cotentin   117

Coiffes d'hier. Cherbourg.

Remerciements

Les auteurs tiennent à remercier tous ceux qui les ont aidés à publier cette monographie, en particulier Georges Legoubey, Lucien Fleury, Gérard Destrais et le cercle philatélique et cartophile du Cotentin.

Bibliographie

Chroniques cherbourgeoises du XXe siècle, M. Basset.
Guide illustré du touriste à Cherbourg et ses environs.
L'agglomération cherbourgeoise d'autrefois, Gérard Destrais.
Cherbourg, bastion maritime du Cotentin, Edmond Thin.
Géographie de la Manche, Adolphe Joanne.
La Manche en 1900, Michel Hébert.
Archives diverses.
CPA, clichés-photos : Ph. Coligneaux.
Textes : M. Hébert.

CHERBOURG - Arsenal - Croiseurs livrés par l'Allemagne
Le " REGENSBURG " longueur 140m, largeur 13m50

I
Flânons dans la ville

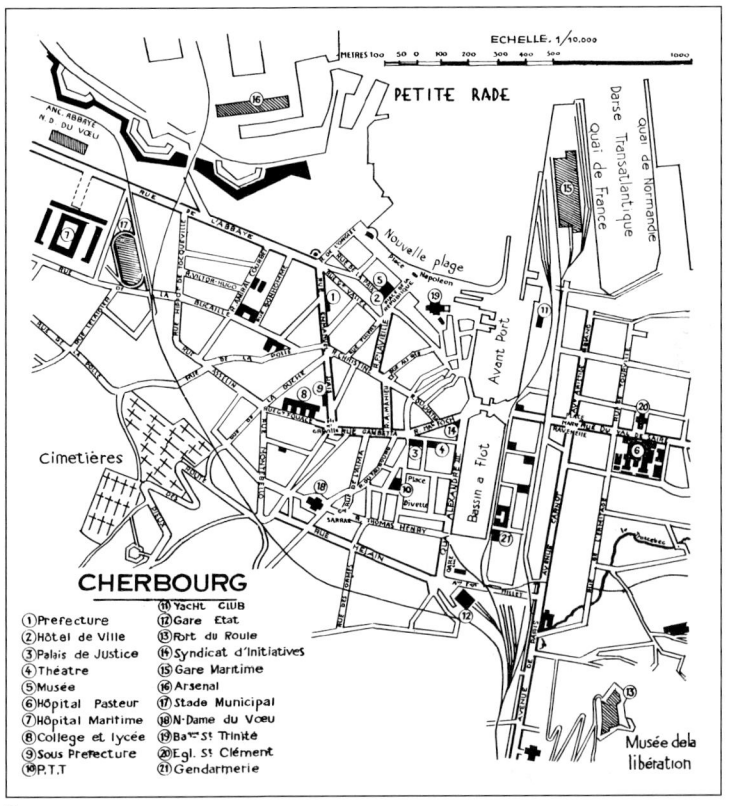

Plan de la ville.

Nous arrivons à Cherbourg par la nationale 13. La première avenue que nous rencontrons est l'avenue Carnot. L'octroi est le premier monument qui arrête le visiteur (à gauche, sur le cliché, vous apercevez la guérite du préposé).

La Grande rue est la plus ancienne des voies cherbourgeoises. Le marché s'y déroulait le jeudi.

La rue au Blé possédait, le lundi, un important marché aux céréales. La vieille prison y avait élu domicile.

C'est l'ancienne rue de la Trinité (aujourd'hui rue de la Tour Carrée) qui menait à l'église paroissiale.

Voici la rue de la Tour Carrée après le Débarquement.

Le passage Digard était le nom de l'ancienne impasse Daguenet, située à l'angle de la rue au Fourdrey.

Rue François La Vieille. Cette rue a pris le nom d'un député de Cherbourg, né en 1829 à Urville. Avant, c'était la rue du Neufbourg. On y trouvait des corderies et des foires avant que celles-ci ne gagnent le champ de Mars.

La rue Christine a toujours posé problème aux historiens locaux. A-t-elle pris ce nom pour honorer Christine de France, fille de Henri IV et de Marie de Médicis, ou Christine de Suède ?

C'est en 1793 que la place de la Trinité fut débaptisée et prit le nom de place de la Révolution.

Rue de l'Union : là aussi, c'est un legs de la Révolution, car avant 1793 cette rue s'appelait rue d'Harcourt, du nom d'un ancien gouverneur de Normandie.

La rue La Bucaille mène vers Equeurdreville, à partir de la rue Dumesnil. Il y avait là un ancien manoir puis, plus récemment, un couvent qui s'y installa en juin 1830.

La place de la Poudrière évoque le nom d'un ancien magasin à poudre, édifié à l'emplacement du groupe scolaire de l'actuelle rue Emile Zola.

Cette place de la Poudrière a pris la dénomination de place Henri-Gréville, romancière (1842-1902) qui situa ses romans à La Hague.

La rue Hippolyte de Tocqueville, dans le quartier Asselin, est un hommage rendu à l'historien local qui résidait au château de Nacqueville, au milieu du siècle dernier.

Toujours dans le quartier Asselin, l'ancienne rue des Travailleurs fut baptisée rue de Montebello pour célébrer la victoire des armées françaises, en 1859, sur les Autrichiens.

La rue Emile Zola joint le carrefour Gambetta à la route des Pieux et à l'ancien fort d'Octeville.

Cette rue s'ouvrit après le Second Empire, permettant de désengorger le quartier de la Divette entre la place Jean Jaurès et la rue Emile Zola.

La rue Victor Hugo a succédé à la rue Courtignon. L'enseigne Au Coup de Cloche, que le lecteur découvre sur le côté gauche de la photo, évoque la cloche qui libérait les ouvriers de l'arsenal, tout proche, pour l'heure du repas.

Cette route évoque l'ancienne chapelle de l'Ermitage, bâtie au pied de la montagne et qui disparut après 1827, date à laquelle fut prise la décision de construire l'église Notre-Dame-du-Roule.

Cette rue est implantée dans le quartier de l'Alma, près de Notre-Dame-du-Voeu.

La montagne du Roule culmine à 112 mètres. Elle est couronnée par un fort, construit en 1854, modernisé en 1943-44 par les Allemands, et qui abrite maintenant un musée du souvenir.

II
Le port militaire et l'arsenal

Le port militaire de Cherbourg doit son essor à une ordonnance de Bonaparte du 15 avril 1803, qui prévoyait la construction d'un port militaire, puis d'un arsenal moderne.

Le bassin Charles X (ci-dessus) fut achevé en août 1829. C'est de ce môle, qu'un an plus tard, le roi déchu allait embarquer, à bord du *Great Britain*, pour un exil définitif.

L'arsenal était ceint de fortifications (comme on en aperçoit à gauche de la photo ci-contre) gardées par la gendarmerie maritime.

Il y eut jusqu'à 5 000 ouvriers travaillant à l'arsenal. Entrées et sorties étaient toujours rythmées au son de la cloche.

Divers services étaient regroupés à l'arsenal, ou dans les quartiers proches, comme la direction de l'artillerie qui avait en charge l'armement des cuirassés, croiseurs fabriqués dans les cales du chantier.

Le commissariat avait pour tâche de gérer le matériel "civil" de la Marine.

Les magasins généraux stockaient dans ces bâtiments les provisions de bouche, entre autres, nécessaires à la nourriture des milliers de marins stationnés sur le port militaire.

Tous les postes : forts, batteries, vigies recevaient la visite des canots d'approvisionnement. La "poste aux choux" livrait la popote pour la journée.

Le fort du Homet, chargé de la surveillance et de la protection de l'ensemble de la rade, attendait, lui aussi, l'arrivée des canots de ravitaillement. Ce fort avait été bâti en 1784.

La batterie de salut était située derrière les bâtiments de l'artillerie. C'est elle qui était chargée d'accueillir, au son du canon, les personnalités militaires en visite.

Les cales de construction datent de 1813. Elles ont 117 mètres de longueur et 24 mètres de largeur. Elles étaient, à l'origine, au nombre de 4.

Divers ateliers participent à la construction navale militaire. Celui de la chaudronnerie était, sans conteste, le plus important car il était chargé de la fabrication des coques.

Cherbourg devint le port d'essai des torpilleurs dès 1877. C'est également notre ville qui eut la charge, en 1886, de procéder aux premiers essais de torpillage sur un navire en action. Les torpilles étaient mises au point dans l'atelier que vous découvrez ci-dessus.

L'arsenal construisit, durant le XIXe siècle, plus de 400 navires de guerre, essentiellement des torpilleurs et contre-torpilleurs.

Les torpilleurs étaient souvent amarrés dans le bassin du commerce. Ils constituaient une unité de défense mobile.

Si Cherbourg s'était spécialisé dans la production des torpilleurs, l'arsenal amorça, dès 1903, la construction d'une nouvelle gamme de navires militaires : le croiseur-cuirassé.

Les marins de ce contre-torpilleur respirent la convivialité car leur équipage était restreint par rapport aux 750 hommes nécessaires à la bonne marche d'un cuirassé.

L'escadre du Nord effectuait souvent ses manoeuvres au large de Cherbourg, quels que soient le temps et l'état de la mer.

C'est à partir de 1899 que l'arsenal abandonna progressivement la production de masse du torpilleur au bénéfice du sous-marin. Le premier submersible, le *Morse*, fut achevé le 4 juillet 1899. Le 1er septembre 1928, l'arsenal lançait le *Vengeur*, 48ème unité de la série.

C'est en 1917 que fut créée la base aéronautique de Cherbourg, chargée d'assurer la protection des navires américains en Atlantique. Les Etats-Unis venaient, en effet, d'entrer en guerre contre l'Allemagne.

Le plan d'eau de Chantereyne abritait les hydravions-école chargés, comme ce *Shreckba*, de former les futurs pilotes.

Le poste de garde de la base aéronautique.

La base de Chantereyne, à la veille de la Seconde Guerre mondiale, accueillait un effectif de 600 hommes répartis en trois escadrilles. De nombreux accidents eurent lieu entre les deux guerres. L'un des plus graves se déroula à la mare de Tourlaville où s'écrasa un *Bréguet* : il y eut deux morts parmi les membres d'équipage et on retira dix blessés des débris.

III
Le port transatlantique et la gare maritime

Cette arrivée paisible, sous l'oeil inquisiteur des douaniers, donne une idée du trafic qui existait à Cherbourg au XIXe siècle. Le courrier des îles anglo-normandes formait, alors, une grosse partie de l'activité portuaire.

A cette époque, les paquebots anglais et allemands (notamment ceux des sociétés Royal Mail et Hamburg Amerika) restaient en rade et des transbordeurs assuraient le transfert des touristes.

La Royal Mail Line avait, dès 1869, prévu des escales à Cherbourg pour rentabiliser sa ligne Amérique du Sud-Grande-Bretagne.

365. - CHERBOURG. - Le Transbordeur "Ariadne" allant chercher les Passagers du Transatlantique

Cherbourg occupait, déjà avant la Première Guerre mondiale, une place importante parmi les ports français (9 millions de tonneaux) puisqu'il venait au 3ème rang, après Marseille (21 millions de tonneaux) et Le Havre (11 millions de tonneaux), devançant Dunkerque, Calais et Dieppe. Cette position avantageuse s'expliquait par sa situation géographique à l'aplomb de l'Angleterre et à mi-chemin entre l'Atlantique et la mer du Nord. Quelques chiffres illustrent cette progression d'escale transatlantique. En 1869, deux mille passagers débarquèrent à Cherbourg, avec 80 000 tonneaux. En 1900, il y en eut environ 40 000 et 70 000 à la veille du premier conflit mondial, avec 4 millions de tonneaux. L'essentiel de ce trafic est réalisé par six grandes compagnies de navigation : 3 anglaises, 2 allemandes et une américaine (White Star Line, Boath Line, Royal Mail Steam Packet, la Hamburg Amerika Line et l'American Line). Ces escales desservaient les lignes Southampton-New-York, Liverpool-Para, Angleterre-Amérique du Sud et Allemagne-New-York. La guerre devait freiner cet essor puisque l'on ne comptait plus que 35 000 passagers au début du conflit, soit la moitié du chiffre de 1913. Les sous-marins allemands, ainsi que les diverses réquisitions destinées au transport de troupes, étaient à l'origine de ce ralentissement. Après la guerre, la France misa, de plus en plus, sur Cherbourg pour refaire une tête de ligne de la navigation transatlantique, car ses atouts étaient sérieux : sa proximité avec Paris, la bonne desserte du chemin de fer, sa rade en eau profonde (13 mètres), sa proximité avec l'Angleterre, qui autorisait l'espoir de voir arriver de Plymouth les voyageurs venus des Amériques, et l'entrée des Etats-Unis dans la guerre en 1917, pour finir, qui allait amener le renforcement des liens économiques du nouveau continent avec la vieille Europe.

Un appontement en bois avait été construit en 1894, sur le quai du vieil arsenal, pour accueillir les passagers des transatlantiques et des vapeurs. Une mini-gare maritime en bois voyait le jour en 1905.

De nombreux excursionnistes anglais débarquaient quotidiennement à Cherbourg, à partir de Pâques. Leur nombre devait doubler entre 1899 (30 000) et 1914 (60 000).

Cette carte postale de 1909 ne peut indiquer le nouvel édifice qui fut construit en 1911.

Cette première gare routière était en brique et en pierre.

37

En 1915, un grand hall métallique fut adjoint à cette gare maritime avec pour objet de couvrir l'arrivée du chemin de fer.

Le nombre des voyageurs ayant tellement augmenté, les compagnies furent obligées de construire ou de louer divers hôtels pour faire face à la demande, comme l'United States Hotel, 75, rue de Tourville, ou, plus tard, l'hôtel Atlantique qui pouvait loger 2 500 voyageurs.

50. - CHERBOURG. - La Gare maritime

Il pouvait y avoir, certains jours, cinq ou six navires en partance pour les Etats-Unis. Cherbourg a joué, entre les deux guerres, un grand rôle dans l'émigration européenne vers l'Amérique du Nord.

21. CHERBOURG — Les Transbordeurs des Transatlantiques

Cet afflux de voyageurs -une escale voyait souvent entre 1 200 et 1 500 voyageurs débarquer à Cherbourg- explique le grand nombre de transbordeurs faisant la navette entre l'extrémité de la rade et les quais. Ils avaient pour nom : *Ariadne, Nomadic, Gallic* etc.

39

Après la Première Guerre mondiale, de nombreux travaux furent entrepris à Cherbourg, visant à rendre le port compétitif : aménagement des quais pour permettre l'accostage direct des navires, ce qui évitait le transbordement jadis effectué au large, et création d'une gare maritime avec hall pour accueillir les trains à destination de la capitale. Ces investissements n'allaient pas tarder à porter leurs fruits, comme le montrent les statistiques suivantes : 105 000 passagers en 1922, 65 navires ayant effectué un total de 632 escales. 147 000 voyageurs en 1924, 75 paquebots et 787 escales. 13 compagnies de navigation fréquentaient le port à cette époque : anglaises, françaises, canadiennes, hollandaises... Hélas, le second conflit mondial devait mettre fin à cette activité avec sa cascade de destructions. Les 17 et 18 juin 1944, en effet, l'armée allemande faisait sauter le quai de France et la gare maritime. Mais en 1952 tout était reconstruit et le président Pinay venait, le 22 mai, inaugurer la gare maritime. Depuis cette date, l'activité "passagers" a repris ses droits, mais aux paquebots traditionnels se sont ajoutés les modernes *ferries*. En 1994, le nombre des passagers ayant transité par le port de Cherbourg s'élevait à 976 000. De nouvelles sociétés maritimes se sont implantées : P & O, Stena-Sealink, Brittany Ferries qui ont assuré plus de 4 000 rotations de *ferries* pour la seule année 1995. Petit à petit, les paquebots reviennent. Divers navires n'ont-ils pas fait escale, récemment, dans le port : le *Costa-Alegora* (italien), l'*Astra* II (Bahamas), le *Queen Elizabeth II*, le *Camberra*... Il s'agit là de bateaux de croisière, car les voyageurs ne transitent plus, une grande partie d'entre eux vient visiter la région pour une ou plusieurs journées, nouvelle forme de tourisme à laquelle Cherbourg a su s'adapter.

Avant la construction de la seconde gare maritime, les trains venant de Paris débarquaient leurs voyageurs sur les quais, en plein air.

La nouvelle gare maritime, oeuvre de l'architecte René Levavasseur, fut inaugurée le 30 juillet 1933 par le président Albert Lebrun. Elle était dominée par un campanile de 70 mètres de haut, offrant 4 horloges à la vue des passagers. Il était donc difficile de manquer son train !

70 hectares avaient été gagnés sur les Mielles pour réaliser ce projet, tandis que l'on creusait une nouvelle darse de 620 mètres de long, protégée par une digue.

La gare maritime a vu passer dans les années 1927-29 environ 200 000 passagers par an. *Le Normandie* et le *Queen Mary* y firent escale respectivement en 1936 et 1937.

Neuf passerelles d'accostage offraient la possibilité aux touristes de débarquer simultanément de deux paquebots.

La décoration avait été particulièrement soignée. Les lambris intérieurs étaient en acajou, le mobilier avait été dessiné par Marc Simon et les dallages étaient l'oeuvre du céramiste Gentil.

Les passagers en transit avaient le choix, pour accéder au premier étage du hall des transatlantiques, entre l'emprunt d'un magnifique escalier aux décochements linéaires ou l'accès à des ascenseurs rapides, dissimulés dans des cages fonctionnelles.

Hélas, les 16 et 17 juin 1944, les Allemands dynamitaient le hall des trains, la voie charretière, le hall des transatlantiques et une partie des quais.

IV
Le port de commerce

L'inauguration de la ligne de chemin de fer Paris-Cherbourg, le 4 août 1858, fut à l'origine du développement de notre port de commerce, situé à quelques encablures de la gare, comme on le voit sur ce cliché.

Les goélettes de Jersey et de Guernesey ont, depuis le XIIIe siècle, participé au ravitaillement de la population cherbourgeoise. Produits importés : tomates, pommes de terre et légumes divers.

Ce caboteur anglais se dirige vers Cherbourg.

En 1837, 1 725 navires de commerce entrèrent ou sortirent du port de Cherbourg. En 1900, ils furent 3 697.

Le principal produit importé d'Angleterre était le charbon, car les mines de houille de la Manche, au Plessis-Garnier, fermèrent au début du siècle.

17 CHERBOURG. — Le Quai Caligny, le Port. — LL.

A *priori*, la situation géographique du port n'était pas un atout pour le développement du commerce international. A cela, deux raisons essentielles. Tout d'abord, les ports militaires ont toujours relégué dans l'ombre le trafic des marchandises, car les investissements nécessaires à la création d'infrastructures compétitives se sont reportés, en priorité, sur les bassins militaires. Ce fut le cas, non seulement avec Cherbourg, mais aussi avec Brest, Toulon, Lorient. Les emplacements pouvant accueillir des bassins de commerce ont été généralement annexés par la Marine ou l'armée. Seconde raison de la stagnation du port de commerce cherbourgeois : l'industrie est quasiment inexistante dans l'*hinterland* de la région, voué à l'agriculture. Ainsi importait-on le charbon, les bois de construction, les engrais et exportait-on les pierres cassées, les denrées agricoles. Les beurreries Bretel, de Valognes, Lepelletier, de Carentan, la distillerie Jeanne, de Cherbourg, représentaient la quasi totalité des produits exportés. Avant guerre, Cherbourg ne venait qu'au 24e rang des ports commerciaux avec 270 000 tonnes de marchandises, alors que Marseille en comptait 9 millions ; plus près de nous Saint-Malo, 400 000 tonnes et Honfleur, même, 326 000 tonnes. Après la Seconde Guerre mondiale, un redressement s'est dessiné, surtout dû à l'exportation de matériel militaire (vedettes maritimes, sous-marins) et au fret transitant par les *ferries*. En 1995, plus de 80 000 camions de marchandises ont débarqué à Cherbourg en provenance d'Irlande ou de Grande-Bretagne, auxquels il faut ajouter les voitures Toyota et les produits du nucléaire. Le marché commun et l'ouverture de l'Europe sont à l'origine de ce renouveau.

Les grues mobiles avaient été installées sur des pontons et non sur les quais, ce qui facilitait la vitesse de rotation du transit.

Le bassin du commerce avait une superficie de plus de 50 000 m². Sa dimension était de 406 mètres de long et de 125 de large.

En 1890, Cherbourg exporta sur l'Angleterre environ 1 000 tonnes de quartzite extraites des carrières du Roule et des environs.

En 1905, plus de 120 000 tonnes de cailloux prenaient le chemin des ports du sud-est de l'Angleterre et de la Tamise.

CHERBOURG... AVANT LA GUERRE
Le Quai Alexandre III
et le Bassin du Commerce

Le bassin du commerce n'est jamais à sec, car les portes de l'écluse ferment l'entrée de ce port, permettant aux navires d'accoster en permanence au quai Alexandre III.

24. - CHERBOURG. — Le Port du Commerce et la Montagne du Roule.

Cette grue procède au chargement des choux-fleurs du Val-de-Saire qu'une noria de banneaux transporte de la gare du chemin de fer départemental (ligne Barfleur-Cherbourg) au port de commerce.

51

474. - CHERBOURG. - Le Quai Alexandre-III

La ligne Barfleur-Cherbourg, inaugurée en 1911, permettait à la production maraîchère du Val-de-Saire de gagner cinq fois par jour les quais d'embarquement.

976. - CHERBOURG. - L'Embarquement des Pommes de terre
Collection Germain fils aîné, St-Malo

Certains jours, au début du siècle, deux vapeurs partaient sur Southampton, avec plusieurs tonnes de pommes de terre de Tourlaville.

Le cidre, provenant de la cidrerie Jeanne, de Cherbourg, et même de chez des particuliers, gagnait les îles Anglo-Normandes où il donnait lieu à un commerce séculaire.

Barriques de cidre en voie de chargement sur le bateau de Guernesey.

Cherbourg était, au début du XXe siècle, un gros exportateur de beurre. Les maisons Bretel, de Valognes, Le Pelletier, de Carentan et Fenard, de Cherbourg expédiaient des milliers de tonneaux de beurre (vous les apercevez rangés sur les quais) en direction de l'Angleterre.

La beurrerie Bretel exportait ses beurres avec son propre *steamer*, le *Deux-Frères*. Déjà en 1880, Londres avait procédé à l'achat de près de 2 000 tonnes de ce beurre réputé. En 1910, ce sont 40 tonnes qui prenaient, chaque jour, le chemin de la Grande-Bretagne.

Ces chalands servaient, au début du siècle, au transbordement de la farine et du son, produits par les trois minoteries de Cherbourg et de ses environs, exportés au Danemark et en Angleterre.

1254. - CHERBOURG. - Vapeur chargé de bois rentrant dans le Bassin du Commerce. - G. F.

Mais le commerce extérieur le plus important était celui des bois du Nord qui provenaient, pour l'essentiel, de Suède et de Norvège.

180 - CHERBOURG — Déchargement dans le Port

Un second trafic de bois, moins important, avait pour origine l'Amérique du Nord (Canada et Floride).

28 CHERBOURG. — Bassin du Commerce. — LL

Cinq importateurs stockaient ces planches sur les quais avant de les revendre dans les différents ports bretons où elles étaient utilisées pour la construction navale (terre-neuvas ou goélettes islandaises).

V
Etablissements publics et privés

3. CHERBOURG - L'Hôtel-de Ville et l'Obélisque - L'Hôtel-de-Ville renferme un Musée de peinture, la Bibliothèque et les Cabinets d'antiquités, d'Objets d'art et d'Histoire naturelle

Les bâtiments de l'hôtel de ville furent achevés en 1804. L'obélisque, situé à droite de la photo, fut érigé en souvenir de la venue, à Cherbourg, du duc de Berry (1821).

Le premier musée de la ville fut installé au 1er étage de la mairie. Un généreux donateur, Thomas Henry, commissaire des musées royaux à Paris, fit don à Cherbourg de 160 peintures.

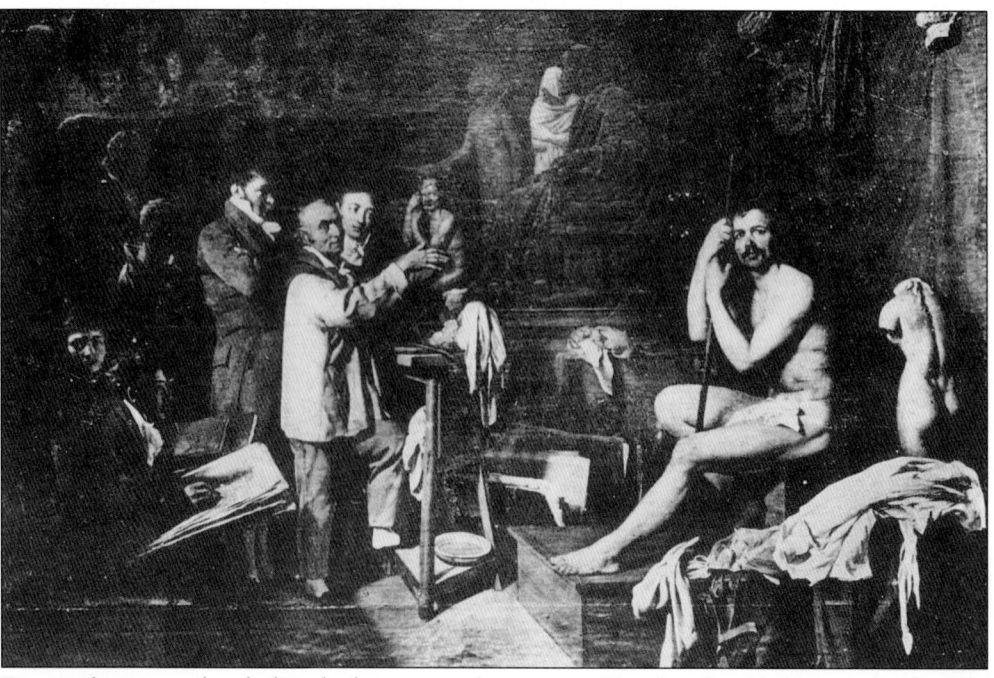

De nombreuses toiles de l'école française y figuraient : Chardin, David, Lepicié (ci-dessus), Oudry, Poussin, Vernet, etc.

CHERBOURG. — Le Casino et la Plage.

"*Cherbourg et les bains de mer*" : ce titre peut faire sourire et pourtant, on se baignait au siècle dernier, sur une belle grève naturelle de sable fin, à l'est de la jetée du port de commerce et qui s'étendait jusqu'au fort des Flamands. C'est en 1827 que naquit le projet de réaliser un établissement de bains de mer sur cette belle plage. Une société vit le jour, fondée par toutes les notabilités de la région, préfet et maire en tête, auxquels se joignirent 200 actionnaires. L'établissement primitif, érigé sur l'emplacement futur des tours d'habitation du casino, comptait des salles d'agrément et des cabines de toilette qui n'étaient pas pourvues d'eau chaude. Patronné, à son origine, par le duc d'Angoulême, il prit le nom de Bains de monseigneur le Dauphin. La révolution de 1830 devait bientôt faire disparaître cette appellation. En 1833, le roi Louis-Philippe vint visiter l'établissement. En 1853, environ 400 baigneurs fréquentèrent les bains. Dans les années 1860, Hippolythe de Tocqueville racheta la société en liquidation et réalisa un nouvel établissement de bains, auquel fut adjoint un casino de style mauresque. Deux bals s'y déroulaient régulièrement. Un restaurant y existait même où l'on pouvait déjeuner pour deux francs. Vers 1880, un hôtel y fut ajouté. Dès cette époque, d'autres bains virent le jour rue de la Paix et rue Auvray : les Bains parisiens et Bains du gagne-petit, où, pour 1 franc, les plus modestes pouvaient avoir accès. Mais avec l'extension du port, en 1912, la plage des bains de mer allait disparaître sous un remblai et une plage artificielle voyait le jour au pied de la statue de Napoléon. Quant au casino, il continua ses activités jusqu'en 1943, date à laquelle les Allemands le firent sauter. Les amateurs de bains de mer durent alors se replier sur Fermanville, Barfleur, Gatteville, Saint-Vaast et Jonville (Reville).

De nombreuses associations destinées aux loisirs et à la culture des marins existaient à Cherbourg et dans ses environs, comme ici, le Refuge du Marin.

Existaient aussi : bibliothèques, foyers, cercles d'escrime, sociétés de tir, fanfares des équipages de la flotte et même une maison de famille, 22, rue de la Tour Carrée, qui avait pour mission de "soustraire soldats et marins aux dangers de la vie de garnison".

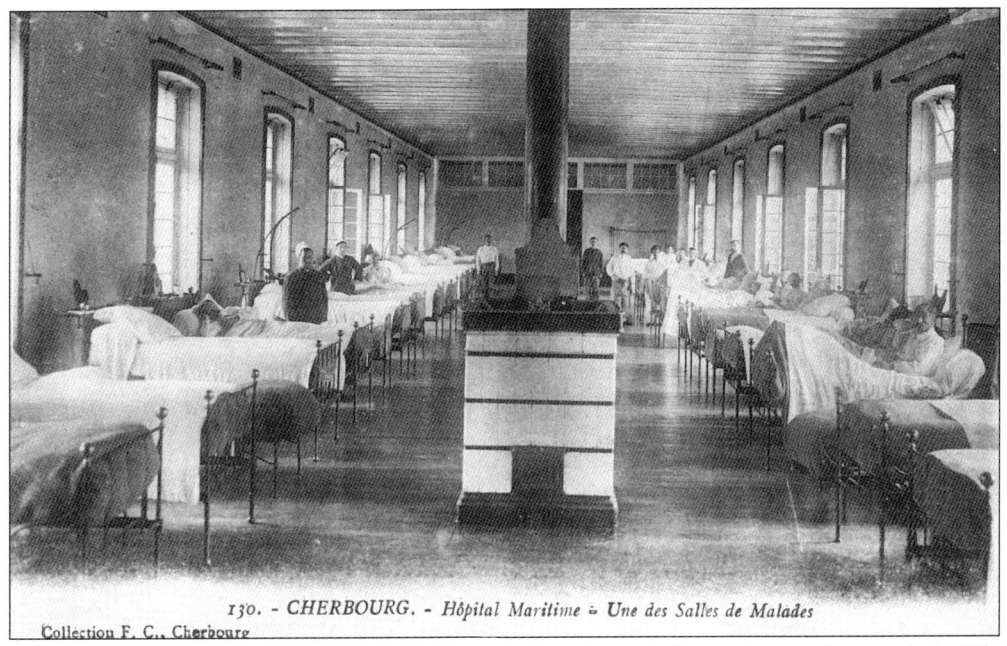

130. - CHERBOURG. - Hôpital Maritime - Une des Salles de Malades

A l'hôpital maritime, le public ne pouvait venir visiter les malades que les lundi et jeudi de 12h à 13 h 34 ; admirez la précision toute militaire !

CHERBOURG — Hôpital Maritime, côté est

Les ouvriers de l'arsenal y étaient admis pour des vacations de dépistage ou de soins légers, deux fois par semaine.

Le premier journal cherbourgeois vit le jour à partir de 1837 : c'était *le Phare*, un bi-hebdomadaire dont le propriétaire était, en 1900, Léon L'Hotellier. Il disparut en 1940. Mais au début du siècle, d'autres journaux existaient en notre ville : *le Réveil*, dont le siège se trouvait au 11, rue Gambetta et dont l'abonnement coûtait 5 francs par an. Il avait été lancé à la fin du XIXe siècle par Jean-Baptiste Biard (1865-1939). C'était un quotidien qui, bien que de tendance gauche modérée, sut toujours garder une stricte neutralité pour fidéliser le maximum de lecteurs. Existait, également, une feuille d'annonces : *l'Informateur*, qui paraissait le jeudi et le dimanche, éditée par l'imprimerie Varlet, 3, place de la Révolution, et vendue 5 centimes le numéro. Une seconde feuille d'annonces, *la Vigie de Cherboug*, paraissait le jeudi et le dimanche pour 10 centimes. Elle avait été fondée sous le Second Empire. Son directeur, en 1900, était Charles Selles. Ses bureaux étaient sis au 54, quai Alexandre III. La plupart de ces feuilles disparurent progressivement. Ne devaient subsister que *le Phare* et *le Réveil* qui changea de titre à plusieurs reprises. Il prit, en 1902, le nom de *Réveil de la Manche* puis, en 1905, celui de *Cherbourg-Eclair* et devenait alors un journal du soir informant les Cherbourgeois pendant près de 40 ans. Le 3 juillet 1944, il prenait le titre de *Presse Cherbourgeoise*, premier journal de la France libérée et, en 1953, changea à nouveau de nom pour prendre son appellation actuelle : *la Presse de la Manche*, lu par plus de 80 % des habitants de notre ville. La directrice de la publication est, depuis 1985, la petite-fille de Jean-Baptiste Biard, fondateur du *Réveil*.

Le long de l'avenue Carnot coule la Divette, parsemée de lavoirs pittoresques où caquetaient de nombreuses lavandières.

L'hôtel des postes se tenait, autrefois, rue de la Fontaine. Une succursale existait rue du Val-de-Saire. Au début du siècle, les guichets étaient ouverts de 7 heures à 21 heures.

C'est la venue de Napoléon III à Cherbourg, en 1858, qui fut à l'origine de la construction de l'hôpital maritime, inauguré en 1869.

Pendant la Première Guerre mondiale, près de 50 000 malades ou blessés y séjournèrent.

Au début du siècle, le lycée comptait 37 professeurs. Combien sont-ils en 1996 ? Il n'y avait que 2 lycées dans la Manche : ceux de Coutances et de Cherbourg. On mesurera le progrès accompli : en 1898, seuls 53 bacheliers furent admis dans le département.

A cette époque, il y avait un enseignement de mathématiques spéciales, basé sur les éléments nécessaires à l'obtention d'un emploi dans la Marine. Le lycée fonctionnait depuis 1881.

Si les collèges, puis lycées J. F. Millet et Victor Grignard accueillent désormais garçons et filles, il n'en fut pas toujours ainsi. Il n'existait, à la fin du siècle dernier, qu'un petit cours secondaire de jeunes filles (rue de l'Alma).

L'école Sainte-Chantal a succédé à un pensionnat et externat qui était tenu, rue de La Bucaille, par les soeurs de la Charité de Jésus et Marie...

... y était attenant un orphelinat, également géré par cet ordre religieux.

Saint-Paul n'existait pas au début du siècle. Six écoles libres de garçons dispensaient, alors, leur enseignement dans les différents quartiers de la ville : rue François La Vieille, rue Carnot, rue Helain, rue Cachin, rue Bondor (école des frères), rue Sainte-Honorine (orphelinat, dirigé par les frères de Montebourg).

CHERBOURG. - Ecole Saint-Paul. - Salle de Dessin et Bibliothèque

Lors de la création de l'institut Saint-Paul (janvier 1908), de nombreuses constructions furent ajoutées aux anciens bâtiments qui abritaient, depuis 1902, une petite école. En effet, ce nouveau collège accueillait aussi les élèves de celui de Valognes, supprimé en 1907 à la suite de la loi sur la séparation de l'Eglise et de l'Etat.

Une école pratique, publique, existait, en 1920, quai de l'Entrepôt. On aperçoit sur ce cliché l'atelier de chaudronnerie.

VI
Les églises et sanctuaires cherbourgeois

CHERBOURG. - Le Jardin Public et l'Ancienne Porte de l'Abbaye du Vœu

Le portail de la tourelle de l'abbaye du Voeu fut déménagé, en 1893, dans le jardin public, avenue Carnot, au pied de la montagne du Roule. On l'aperçoit, à gauche, dans les frondaisons.

Les restes de l'abbaye Notre-Dame-du-Voeu ont été récemment restaurés. Les Cherbourgeois sont, en effet, très attachés à ces vieilles pierres, remontant aux temps du royaume normand. La tradition rapporte que Mathilde, veuve de l'empereur Henri IV, reine d'Angleterre et duchesse de Normandie, fut surprise par une grosse tempête, lors de l'un de ses voyages entre l'Angleterre et la Normandie. Elle fit alors le serment, si elle échappait aux flots déchaînés, de construire une abbaye sur le havre qui l'accueillerait saine et sauve. La légende dit que le matelot de vigie, apercevant à l'horizon la terre cherbourgeoise, s'écria "*Chante reyne, voici la terre*"! Elle débarquait, un peu plus tard, sur les rivages où se situent, maintenant, Chantereyne et l'arsenal. En 1160, l'abbaye terminée donnait asile aux moines de Saint-Victor. L'abbaye se développa puisque 13 églises, tant dans le Cotentin qu'à Jersey ou en Angleterre, participaient à ses revenus. Les guerres avec l'Angleterre amenèrent, hélas, son déclin et 1775 verra la fin de la présence des religieux. A cette date, l'abbaye devint la résidence du duc d'Harcourt, gouverneur de Normandie, tandis que la Révolution y installait un hôpital, puis des casernes (Martin des Pallières). Incendiée en 1944, elle fut bientôt restaurée et certains de ses bâtiments furent même classés monuments historiques. Nous y trouvons des salles conventuelles des XIIe et XIIIe siècles, le logis (XVIIIe), le réfectoire, la salle capitulaire (ci-dessus).

Ce réfectoire a été restauré et ses voûtes d'origine romane sont éclairées par des baies en lancettes.

Cette procession est probablement celle du 15 août 1898, à en juger par les ombrelles et chapeaux de paille.

18. Cherbourg. — L'Eglise Sainte-Trinité

La basilique de la Sainte-Trinité est le plus ancien des quatre sanctuaires paroissiaux de Cherbourg. Elle s'élève sur le terre-plein portant la statue équestre de Napoléon et qui borde la partie du sud de la rade de Cherbourg. Elle fut construite au XVe siècle (1423), sur les ruines d'une église ancienne érigée sous les premiers ducs de Normandie. Seule la partie basse de la tour rappelle encore cette origine lointaine. Achevée à la fin du XVe siècle, l'église fut consacrée, en 1504, par le premier président du parlement de Normandie, Geoffroy Herbert, évêque de Coutances. L'actuelle tour date du XIXe siècle et a remplacé une tour ogivale qui n'avait pas été achevée. Récent, également, le porche (1864) de la face sud. Pour le reste de l'édifice, la nef contient de hautes baies flamboyantes existant, aussi, dans les chapelles, le choeur et le transept. La tour (1823), haute de 26 mètres, possédait, au début du siècle, trois cloches. La première, *Henriette*, datait de 1860, pesait 2 088 kilos et avait pour parrain monsieur Collart, maire de Cherbourg, et pour marraine madame de Frotté, de la famille du célèbre chouan bas-normand. La seconde, *Charles*, la seule qui échappa à la fureur des sans-culottes, datait de 1774 et avait pour parrain le prince de Monaco qui avait des attaches terriennes et familiales dans la Manche. La troisième, *Marie*, fondue en 1829, avait été offerte par le préfet maritime de l'époque, monsieur Pouyer. La décoration du mobilier de la basilique, fonts baptismaux, chaire, stalles, autels, fut, en grande partie, l'oeuvre d'un artiste cherbourgeois, Pierre Freret (1763).

Ce porche, bâti en 1864 sur la face sud de la basilique, est un pastiche des XVe et XVIe siècles.

On aperçoit, au-dessus de la corniche supérieure de la nef, une superbe balustrade ouvragée courant au-dessus de la chaire sculptée par Pierre Freret, en 1763 (à gauche).

Notre-Dame-du-Voeu est née de l'extension de ce quartier cherbourgeois dont l'église de la Trinité ne pouvait absorber les fidèles. La première pierre fut posée en 1850, et le 8 février 1859, monseigneur Daniel, évêque de Coutances, en effectuait la consécration. Ses deux flèches, terminées en août 1862, dominent tout le quartier. L'édifice de style roman s'apparente à celui de l'église de Sourdeval qui lui a servi de modèle. Sur la façade, au-dessus de la rosace, se trouve une statue de la Vierge tenant sur son bras l'Enfant Jésus, offerte en ex-voto par les fidèles de la paroisse (1870) en reconnaissance d'avoir été préservés de l'invasion durant la guerre contre les Prussiens. L'autel polychrome est en pierre de Caen et sa décoration en fut assurée par monsieur Bonnet, sculpteur à Rouen. Les vitraux, oeuvre des ateliers Didron de Paris, ont été donnés par diverses associations cherbourgeoises. Par contre, ceux du transept nord furent offerts par les officiers et les équipages de l'escadre présente à Cherbourg en 1858. La statuaire, récente, n'offre qu'un intérêt restreint, à l'exception d'une statue de Jeanne d'Arc guerrière et de celle d'un saint Antoine de Padoue, encore vénéré aujourd'hui. Une pierre tombale du dernier abbé de l'abbaye du Voeu, Léobin Lefilatre, a été classée monument historique. Au début du siècle, la paroisse couvrait environ 10 000 âmes et elle avait procédé à l'ouverture d'une école pour garçons, de deux écoles pour les filles et d'une école maternelle. Deux patronages y fonctionnaient sous le vocable de saint Joseph et de sainte Geneviève.

Il existait, jusqu'en 1832, une humble chapelle, dite de l'Ermitage, située au pied de la montagne du Roule, servant de lieu de culte aux habitants de ce quartier. Mais elle devint rapidement trop petite et il fut envisagé de construire une église plus importante. A partir de 1827, on commença à collecter des fonds pour cette édification. La duchesse d'Angoulême, qui visitait Cherbourg, versa une somme de 1 000 francs à cet effet, et une dame Livoye offrit un terrain pour la construction de ce lieu de culte. Un ingénieur de la Marine, monsieur Robert, proposa de dresser les plans et l'humble chapelle était érigée en succursale dès 1836, sous le vocable de Notre-Dame-du-Roule. Elle devint rapidement prospère, puisqu'en 1911 la paroisse comptait un curé, l'abbé Durand, et deux vicaires, messieurs Caillard et Feret. Ce clergé avait aussi en charge l'aumônerie des petites soeurs des pauvres, dont l'établissement était implanté sur la paroisse. Le patronage Saint-Joseph y était très actif et on y dénombrait également une école.

Vous apercevez, à gauche de l'église Notre-Dame-du-Roule, le "bosquet" et la perspective de l'avenue Carnot.

Chapelle privée de l'institut Saint-Paul.

Le Goubey, édit., St-Pierre-Église

LA BASSE-NORMANDIE PITTORESQUE
501. CHERBOURG — L'Église Saint-Clément, Quartier du Val-de-Saire

L'église Saint-Clément vit le jour en 1850. Elle est contemporaine de celle du Voeu. Le quartier des Mielles ayant pris une extension imprévisible, il fallut bien se résoudre à créer une nouvelle paroisse. La Trinité offrait un style Gothique, Notre-Dame-du-Voeu était davantage représentative du Roman. Aussi décida-t-on de changer l'aspect du nouvel édifice en lui donnant une silhouette qui rappellerait les basiliques chrétiennes du Ve siècle ; le 5 octobre 1856, monseigneur Daniel venait consacrer la nouvelle église dédiée à saint Clément, si cher aux marins. Une tour de 26 mètres parachève la basilique, ainsi qu'un dôme aux allures byzantines. L'église de 52 mètres de long peut contenir 1 200 personnes. Une statue est fixée sur chacun des piliers de la nef comme à Saint-Jean-du-Latran, à Rome. Dans la nef, deux curiosités : une chaire sculptée, en chêne, par le Rouennais Bonnet et une reproduction, en terre cuite, du christ de Bouchardon. La principale cloche de Saint-Clément (1 531 kilos) eut pour parrain monsieur Ludé, maire de la ville, et comme marraine madame E. Liais. Elle fut bénite par monseigneur Bravard, le 27 juillet 1864. Avant la Première Guerre mondiale, c'était le clergé de Saint-Clément qui avait en charge le service religieux célébré à l'hôtel-Dieu. A remarquer, enfin, une statue polychrome du Bienheureux Thomas Elie de Biville, située dans le transept.

La chapelle de la Marine (1904), située à l'entrée de la caserne Brière de l'Isle, fut, également, après la Première Guerre mondiale, le lieu du culte du premier régiment d'infanterie coloniale.

La Glacerie fut un "écart" de Tourlaville jusqu'en 1901, année où ce hameau devint une commune à part entière. La célèbre manufacture de fabrication des glaces y fonctionna de 1653 à 1834.

VII
Commerce et artisanat

La construction prit, au début du siècle, une grande extension dans l'agglomération cherbourgeoise. Outre la Maison Levesque et Menage, existait un cabinet plus ancien, celui de L. Leroy qui avait été l'architecte du bureau de la Banque de France.

Les artisans, comme ce matelassier, étaient nombreux au centre-ville. Ici, vous découvrez la famille Pitel, dont l'atelier se situait place Gréville.

Le célèbre ébéniste J. Noyon, de la rue de la Paix, dont la maison avait été fondée en 1835, s'était spécialisé dans l'agencement des cabines intérieures des navires de guerre et de commerce.

Au 8, rue de la Tour Carrée, Emile Dupont était le fournisseur le plus rapide de faire-part de décès. Son officine réalisait, également, toutes les impressions pour la Marine locale.

Ce cordonnier-chausseur, au 22, rue du Bassin, avait deux solides concurrents : Au Petit Poucet, 1, rue au Blé, qui fabriquait également des parapluies sur commande, et L. Fougère, artisan-sabotier près des halles.

Il y avait deux professeurs de coiffure à Cherbourg, en 1900 : monsieur Pottier, ci-contre, et monsieur Lemonnier, 11, place du Château, face au théâtre.

Emile Legagneur tenait cet atelier de photo au 18, rue de la Paix (près du cinéma *Omnia* et de l'hôtel de ville).

Raymond Hamel, étameur d'art, exerçait son métier dans un atelier roulant qui stationnait près du pont tournant. Son magasin se trouvait au 56, Grande rue.

La Maison Simon-frères, primée à Paris au concours agricole de 1908, fournissait toute l'industrie agro-alimentaire en machines diverses : égrugettes, batteuses, malaxeurs...

La Maison Tardy exécutait ces travaux d'art au 43, rue du Val-de-Saire.

L'épicerie Simon était la plus achalandée de la ville. Bien située dans la rue du Port, elle fournissait la Marine en café et balais de paille de riz.

LES PLUS GRANDS MAGASINS DE CHERBOURG
De beaucoup les mieux assortis

L. RATTI
2, 4, 6, 8, 10, Rue Gambetta & Rue des Portes — **CHERBOURG**
MAISON VENDANT LE MEILLEUR MARCHÉ DE TOUTE LA NORMANDIE

Cherbourg comptait 41 000 habitants au début du siècle, ce qui explique le grand nombre de commerçants qui y payaient patente : soit environ 1 200. Ce chiffre s'explique par la sous-traitance militaire, la présence des divers régiments de l'armée et de la Marine et l'accès à la grande ville facilité, pour le Val-de-Saire et La Hague, par le tramway et les petits chemins de fer départementaux. Beaucoup des boutiques d'alors ont aujourd'hui disparu, victimes du progrès et de l'évolution des modes de vie : telles la Nouvelle Tonnellerie de monsieur Barré, spécialiste du fût de cidre, la boisson la plus consommée de l'agglomération, la Maison Le Chevalier qui ne vivait que de la location de calèches à l'occasion des mariages, cette fabrique de chapeaux de paille, tenue par monsieur Leblond ou encore l'officine Talluau qui vendait le "vin de vie" de Saint-Pierre-de-Semilly (peut-être existe-t-il un lecteur qui pourrait nous renseigner sur ce mystérieux breuvage ?). Si les petits commerçants étaient nombreux, il existait déjà, avant que n'ouvrent les magasins Ratti ou Desruaulx, de grandes surfaces telles que : Aux Grandes Marques, l'épicerie Félix Potin (31, rue de la Fontaine), A la Belle Jardinière (1, rue au Blé), Au Bon Marché (rue Gambetta). Quelques publicités nous font sourire, comme celle d'André Gardin au 28, rue au Fourdray, qui fabriquait et vendait, au détail, un fortifiant normand, très recommandé, «au jus de viande, extrait de boeuf aromatisé» ! Le commerce local était très structuré puisqu'il existait une Chambre de commerce, depuis un décret du 15 décembre 1836 et qui, à l'époque, s'étendait aux arrondissements de Cherbourg et de Valognes. Enfin, une justice consulaire s'était même implantée, depuis octobre 1809, avec la création du Tribunal de commerce.

Un costume de qualité, fait sur mesure, s'achetait chez Margolis, rue Gambetta.

La famille Daniel qui gérait l'établissement A l'Amiral Courbet, place du Château, fournissait essentiellement des costumes d'enfants.

Les établissements Pouthas avaient un slogan célèbre : *"tous nos articles sont vendus bon marché"* !

La grande maison des Abeilles, au quai Caligny, habillait marins et soldats.

CHERBOURG - Hôtel de l'Espérance et de Londres

Nombreux étaient les grands hôtels cherbourgeois : hôtel du Nord, United States hotel, hôtel de France et du Commerce, hôtel de l'Aigle et d'Angleterre, hôtel de l'Etoile, du Vieux Cherbourg (rue du Vieux Pont), etc.

L'hôtel du Louvre et de la Marine, au 30, rue de la Paix, tenu en 1900 par A. Courtault, assurait tous les trains avec son omnibus hippomobile.

GRAND HOTEL DU LOUVRE ET DE LA MARINE
28 et 30, Rue de la Paix -- CHERBOURG

Les dames Estace, qui avaient succédé à la Maison Lecacheux, puis à la veuve Lohen, ont habillé, avant la Première Guerre mondiale, beaucoup de jolies mariées.

L. Dounon, dont le magasin était tenu, encore tout récemment, par la Maison Guérin, était le grand pourvoyeur en spiritueux et alcools des navires de commerce qui s'y fournissaient pour leurs provisions de bord.

89

Cet estaminet, place du Cauchin, devant la gare d'arrivée, n'était pas le seul à désaltérer les voyageurs, il y avait beaucoup de concurrence : le café de la Gare, le café Courval, le café de l'Arrivée... La place du Cauchin s'appelle désormais place Jean Jaurès.

Cette sympathique famille a encore des descendants dans la région. Peut-être reconnaîtront-ils leurs grands-parents ? La photo a été prise rue Don Pedro.

Cette librairie-papeterie, faisant l'angle de la place de la République et de la rue de la Tour Carrée, est gérée par monsieur Bissonnier qui est, probablement, l'éditeur de cette carte postale.

Madame E. Lemonnier occupait cette boutique de nouveautés au 33, Grande rue et au 19, rue Boël Meslin. Elle était l'une des rares concessionnaires de la ville en rouenneries.

91

Tous ces objets ont pratiquement disparu de nos modernes quincailleries : le fourneau Godin, les lampes "tempête" ou à huile, le garde-manger, ancêtre du frigo...

Peut-être le lecteur reconnaîtra-t-il ce magasin qui existe encore, au 38, quai de Caligny, sous le nom de Narval et qui propose au chaland les mêmes articles (ou presque) ?

VIII
Casernes et vie militaire

La caserne du polygone de Querqueville fut le fief du 2e régiment d'infanterie de ligne, de 1902 à 1914 ; plus tard, elle fut débaptisée et prit le nom de caserne Dixmude.

Cherbourg, ville militaire, comptait au début du siècle une douzaine de casernes. Rue du Val-de-Saire étaient logés les bâtiments de la manutention militaire et une compagnie du 25e régiment d'infanterie de ligne.

Dès le 7 août 1914, trois unités cherbourgeoises partirent sur le front nord : le 25e régiment d'infanterie, le 1er régiment d'infanterie coloniale et le 2e régiment d'artillerie coloniale.

La caserne Brière de l'Isle, érigée en 1850, abrita, en 1900, le premier régiment d'infanterie, puis, ensuite, la gendarmerie maritime.

La caserne Martin des Pallières, construite en 1852, fut successivement occupée par des artilleurs et par l'infanterie coloniale. En 1928, elle était désaffectée par l'armée. A noter que cette caserne occupait l'emplacement de l'ancienne abbaye du Voeu.

Le quartier militaire de Cherbourg, appelé Rochambeau, vit passer de nombreux régiments : infanterie coloniale, artillerie coloniale, puis le 43e régiment d'artillerie de campagne.

La caserne Lemarois était occupée, à la veille de la Première Guerre mondiale, par le 3e régiment d'artillerie. Elle devait être détruite par un incendie en 1940.

CHERBOURG. — Panorama de la Caserne Proteau, 8e Régiment d'Infanterie.

La caserne Proteau (du nom d'un général qui se couvrit de gloire pendant la campagne d'Allemagne, sous Napoléon 1er, en 1813) abritait le 25e de ligne.

CHERBOURG. — La Caserne de Badens. — LL.

La caserne Badens avait accueilli, en 1914, le premier régiment d'infanterie de Marine. Elle allait, ultérieurement, devenir le premier dépôt des équipages de la flotte.

CHERBOURG. - Caserne Colombier
110ᵉ Rég. d'Artillerie

Vous apercevez, derrière le porche, des stalles. A cette époque, l'artillerie était tractée par les chevaux.

415 CHERBOURG
Débarquement des permissionnaires
de l'Escadre au Béton

Ces marins sont des permissionnaires qui débarquent au "béton". Ils viennent des navires de l'escadre stationnés dans la rade. L'ambiance sera chaude, ce soir, dans les rues de Cherbourg !

CHERBOURG — 1er dépôt des Equipages de la Flotte

La caserne de l'Abbaye, construite en 1782, abrita le dépôt des équipages de la flotte jusqu'en 1927, date à laquelle elle fut affectée à l'aviation maritime.

Cette scène se situe au hameau de la Mer, à Equeurdreville-Hainneville. Les propriétaires du café, monsieur et madame Lepesqueur, sont à droite de la photo.

99

*106. - CHERBOURG. - Arsenal Maritime
Lavoir pour les Marins de la Défense Mobile*

Sur le quai du bassin Napoléon III, un lavoir était réservé aux équipages de la flotte qui, une fois par semaine, devaient laver leur linge. Il n'était pas question de machine à laver en ce temps-là.

CHERBOURG — L'heure de la Soupe à la Caserne du Polygone de Querqueville
Collection A. Mercier, Cherbourg

La soupe, le singe, la pomme et le quart de vin formaient la base du repas. Le vendredi, c'était la traditionnelle morue salée.

237. - CHERBOURG
Une Chambrée dans les Casernes
de l'Infanterie Coloniale

Après l'effort, le réconfort. Dans la chambrée, c'était la belote pour les enragés de jeux de cartes ou la lecture du journal du pays.

Cherbourg — Caserne Proteau - L'appel des punis

Une poignée de mains lointaine — Fernand

Les punis étaient privés de sortie en ville et plusieurs appels pouvaient avoir lieu, au cours de la journée, pour contrôler leur présence à la caserne, car les murs n'étaient pas infranchissables !

Maison DELAHAYE, rue de l'Abbaye - CHERBOURG
Collection Mercier, Cherbourg

La grand-mère et son "p'tit fisset" semblent heureux d'être entourés d'un escadron aussi impressionnant. Au moins, personne ne pourra leur prendre leur panier : ils sont bien protégés.

CHERBOURG. - Bureau de Recrutement Maritime

Quand le temps légal était écoulé, l'on pouvait toujours rempiler, si l'on était marin, au bureau de recrutement maritime, rue de l'Abbaye.

Le 2e régiment d'artillerie coloniale participa aux combats de Rossignol, du chemin des Dames et de Reims. Le lieutenant-écrivain Ernest Psichari fut tué lors de ces combats (il résidait à Cherbourg, au 87, rue Asselin).

Le 1er régiment d'infanterie coloniale, que vous voyez manoeuvrer ici, se couvrit également de gloire pendant la Première Guerre mondiale. Il combattit à la Marne, en Argonne, en Champagne. Puis, dans le cadre de l'armée d'Orient, il participa à l'offensive sur le Danube, en septembre 1918.

Le 25e de ligne rejoignit la 2e division, au début des hostilités, lors de la Première Guerre mondiale. Engagé à Charleroi, il y perdit 20 officiers et 1 400 hommes.

Ces blessés, photographiés en 1915 à l'hôpital maritime, étaient des marins envoyés avec leur artillerie lourde pour participer à la défense des places du nord et de l'est de la France.

IX
Grands événements et fêtes locales

La première des fêtes locales est, évidemment, la revue du 14 juillet. Tous les régiments cherbourgeois y participaient en grande pompe.

CHERBOURG. — *Défilé des Marins à la Revue du 14 Juillet*.

Les marins défilaient devant le préfet maritime, sur la place Napoléon. Souvent, à cette occasion, l'on remettait la Légion d'honneur aux nouveaux promus.

CHERBOURG. — *Exercice des Pompiers à l'issue de la Revue du 14 Juillet*.

Ce cliché, très rare, montre un exercice de pompiers, à l'issue de la revue du 14 juillet 1910. L'année suivante, Cherbourg accueillit un grand concours de sapeurs-pompiers auquel participèrent 118 compagnies et 3 000 hommes.

En juillet 1911 eurent lieu de grandes fêtes aériennes, à Querqueville, où furent présentés nombre d'avions célèbres comme ceux de Farman et leur moteur Antoinette ou ceux de Voisin.

Lors des foires-expositions, de nombreuses attractions étaient offertes au public. Ici, c'est la reconstitution d'un village algérien où se côtoyaient charmeurs de serpents, danseurs nomades et musiciens berbères que l'on avait fait venir d'Afrique du Nord.

CHERBOURG. - Mi-Carême 1914. - Char de la Reine du Commerce

D'autres fêtes se déroulaient régulièrement, comme les corsos fleuris ou celle de la mi-carême, ci-dessus, où vous apercevez le char de la reine du Commerce, sur la place Divette (1914).

CHERBOURG. - Mi-Carême 1914
Char de la Reine des Couturières

La reine des Couturières était aussi belle que la représentante des commerçants.

Cherbourg. — Place de la République. Fêtes franco-espagnoles

De nombreuses fêtes avaient lieu lors du passage des souverains étrangers. Lors de la venue du roi d'Espagne, Alphonse XIII, en juin 1905, une grande fête franco-espagnole eut lieu place de la République. Une autre, plus grandiose, allait, en 1928, présenter aux Cherbourgeois une course de taureaux et, ce, pour la première fois en Normandie.

25 - MARINE RUSSE
Le Croiseur "Dniéper" de l'Escadre de la Baltique ravitaillant les Torpilleurs en Rade de Cherbourg

Les escadres étrangères, comme ici celle de la Baltique russe, rendaient souvent visite à notre port militaire (1905).

6. — VISITE DE S. M. LE TSAR A CHERBOURG.

En juillet 1909, monsieur Fallières vint à Cherbourg recevoir le tsar et la tsarine de Russie. A cette occasion, le souverain remit une somme de 10 000 francs, à monsieur Albert Mahieu, maire de notre ville, destinée à être distribuée aux plus pauvres.

10. — LES FÊTES DE CHERBOURG. — Le "Galilée" ayant à bord les Souverains Russes et le Président de la République à la fin de la Revue Navale.

En juin 1907, le président Fallières était déjà venu à Cherbourg pour recevoir le roi Frédéric et la reine du Danemark qui se rendaient en Angleterre.

Sur la photo ci-dessus, les autorités, venues chercher leurs illustres hôtes, attendent le yacht royal anglais *Victoria and Albert*.

Les présidents de la République aimaient venir à Cherbourg, comme Emile Loubet, qui, le 19 juillet 1900, passa, en rade, une grande revue navale. Bien sûr, il y eut ensuite un banquet à l'arsenal, suivi d'un feu d'artifice.

En 1913, c'était le tour de monsieur Poincaré. Malheureusement, cette visite fut endeuillée par l'explosion, au fort du Roule, d'un tas de gargousses qui tua 2 personnes et en blessa 7.

Les ministres aimaient également prendre un bon bol d'air salin dans notre ville, comme le montre cette photo d'août 1903 représentant Camille Pelletan, ministre de la Marine, venu assister au lancement du croiseur *Jules Ferry*. A cette occasion, un punch fut offert à la population (mais il fallait débourser 0,40 francs pour y participer !).

Le *Titanic* quittant Cherbourg avant son naufrage le 14 avril 1912. Après avoir heurté un iceberg, il coulait avec 2 201 personnes à bord, au large de Terre-Neuve.

Le paquebot *Atlantique*, ci-dessus, brûla, en janvier 1933, au large de Guernesey. Il y eut 220 rescapés et 19 disparus. Il fut remorqué dans la forme du Hommet, puis démoli à Glasgow, en 1936.

Le sous-marin *Vendémiaire*, doté d'un équipage de 25 hommes, était commandé par le lieutenant de vaisseau Prioul.

Il fut abordé par le travers le 8 juin 1912, à cinq heures du matin, par le cuirassé *Saint-Louis* dans le raz Blanchard et perdu corps et biens.

Le *Vendémiaire* coula par plus de cinquante mètres de profondeur ; les moyens matériels de l'époque ne permirent pas de lui porter secours. Même les scaphandriers ne purent intervenir.

Le Transatlantique allemand *Kaiser Wilhelm der Grosse* devait aborder, en septembre 1906, le *steamer* anglais *Orinoca*, dans la passe de l'ouest...

Il y eut 5 morts et de nombreux blessés suite à la panique.

X
Cherbourg et l'ouest du Cotentin

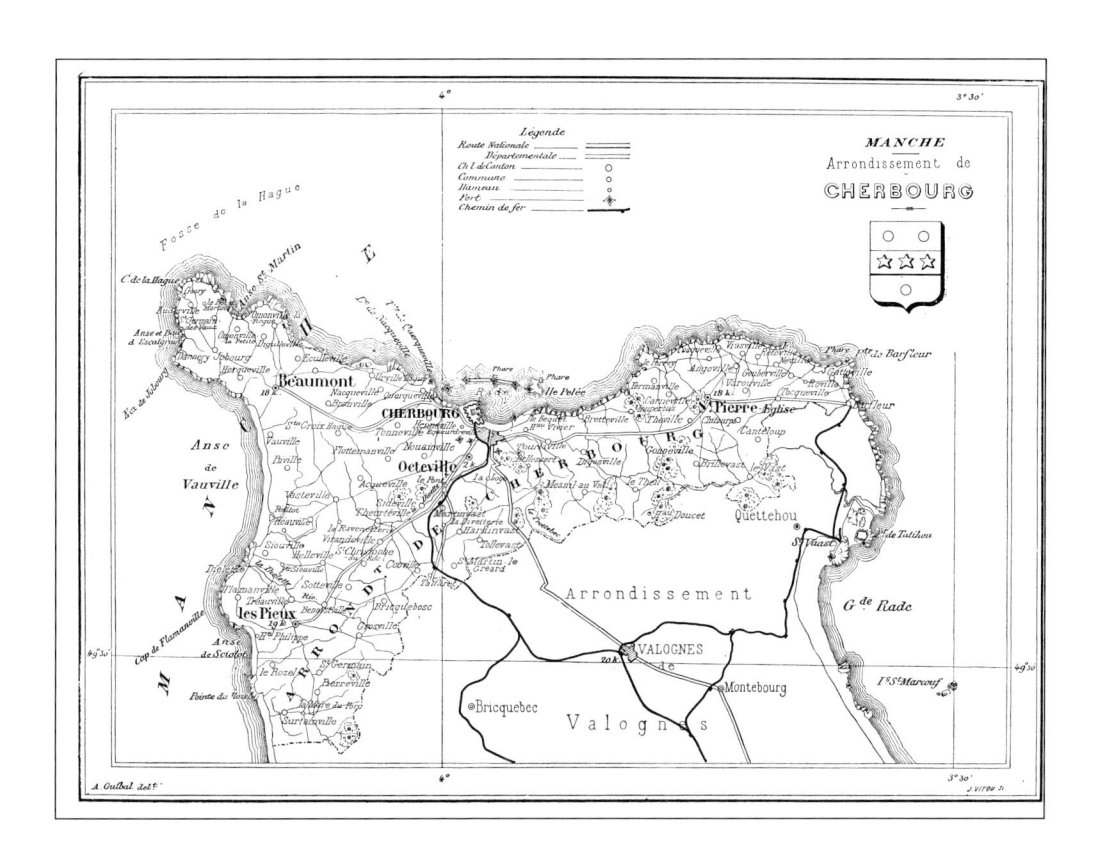

La presqu'île qui s'avance dans la Manche, à l'ouest de Cherbourg, est probablement l'un des plus beaux sites sauvages de France. Sol rugueux, recouvert de landes de bruyères et d'ajoncs (Biville) où paissent les "bercats" (moutons de pré salé) et où existent, malgré tout, de verts vallons (Urville) abritant la célèbre vache "Cotentine". Une côte déchiquetée, battue par le vent et la houle où les célèbres rochers granitiques du cap de La Hague en font un paysage grandiose. Cette côte abrite de multiples petits ports pittoresques : Omonville, Saint-Germain-des-Vaux, Goury ou de coquettes stations balnéaires nichées à Vauville, dans l'anse de Sciotot (Les Pieux), à Carteret ou à Port-Bail. L'amateur de vieilles pierres fera halte aux châteaux de Martinvast, de Flamanville, près de Dielette où il pourra également apercevoir les anciennes mines de fer. A quelques encablures, les donjons de Bricquebec et de Saint-Sauveur-le-Vicomte lui conteront la saga anglaise de la guerre de 100 ans. Autre attrait de l'ouest du Cotentin : ces dizaines de petites églises cachées au pied des falaises ou à l'ombre des pommiers, dont les plus intéressantes, la chapelle de Querqueville et l'église de Notre-Dame-de-Port-Bail, datent du Xe siècle et sont les plus anciennes de Normandie, si l'on excepte la chapelle de Vieux-Pont, dans le Calvados, et l'abside de Notre-Dame-de-Rugles, dans l'Eure (IXe siècle).

L'extrême ouest de la presqu'île du Cotentin, vaste promontoire dont le nez de Jobourg (ci-dessus) est redouté de tous les navigateurs, domine l'entrée du golfe des îles Anglo-Normandes.

Le raz Blanchard est séparé de l'île anglaise d'Aurigny par un détroit de 16 kilomètres, terrible défilé marin où le flot de la marée déferle à plus de 16 kilomètres à l'heure. Le phare de Goury y a été élevé, en 1834, avec du granit de Flamanville.

De 1870 à 1928, plus de 70 navires sombrèrent dans le raz Blanchard.

Cette côte aux falaises escarpées (falaises de Flamanville, 90 mètres de hauteur) possède, malgré tout, quelques cordons dunaires, comme ici à Biville.

Progressivement, l'intérieur des terres s'adoucit et aux plateaux et falaises se substituent landes et vallons du bocage, où une agriculture, basée sur l'élevage, put se développer.

Le château de Nacqueville (XVIe siècle) est situé à une dizaine de kilomètres de Cherbourg. On y découvre une porte isolée entre deux tours du XVe siècle (à droite de la photo).

1   GREVILLE. — L'Église et la Statue de Millet. — LL.

En poursuivant notre périple vers l'ouest, nous traversons Gréville (450 habitants en 1905). Une église du XIIe siècle et la statue de J. F. Millet, le célèbre peintre des paysans (1814-1875), font l'attrait de ce village.

OMONVILLE-la-ROGUE (Manche) — L'Église

Puis, en suivant la côte, c'est Omonville-La-Rogue (436 habitants), petit village de pêcheurs, avec une magnifique église gothique du XIIIe siècle.

A 2 kilomètres de là, c'est la découverte du port des Vaux, le plus petit port de France.

Descendons, maintenant, le long de la côte ouest et voici le port de Goury qui est le seul refuge pour les marins entre le cap de La Hague et Dielette.

Auderville (à 30 km de Cherbourg) possède une église à la riche statuaire. Deux grandes statues du XVIIe, de saint Maur et de saint Gilles, font son attrait.

Vauville (244 habitants) est séparée de la mer par une mare, longue de 2 kilomètres, refuge des oiseaux migrateurs. Son église du XVIIIe siècle jouxte un manoir des XVe et XVIe siècles.

2. — BIVILLE. - Camp des soldats. - Repos.

Puis, c'est Biville où "crapahutèrent" tous les soldats basés à Cherbourg, entre 1880 et 1940, pour la simple raison que c'était le seul endroit non rocailleux de la côte où il était possible de planter une tente.

Biville est le centre d'un important pèlerinage au tombeau du Bienheureux Thomas Elie, aumônier de Saint-Louis (1187-1257) qui lui offrit un calice que l'on peut encore voir.

Beaumont-Hague, chef lieu de canton (614 habitants), était relié à Cherbourg au début du siècle, par une diligence que vous apercevez sur ce cliché.

Beaumont était le siège de nombreuses foires agricoles qui se tenaient sur la lande de Saint-Nazaire. Ce village doit son nom à Roger de Beaumont, compagnon de Guillaume, qui participa, en 1066, à la conquête de l'Angleterre.

Dielette (Manche) — Baptême du Canot de Sauvetage "Octave Lemaître"

Avec Dielette nous arrivons au bout de notre pérégrination. Ce port a toujours eu une station de sauvetage. Vous apercevez le lancement de l'un de ces bateaux, l'*Octave Lemaître*, en 1908. En 1928, une station moderne y fut implantée, avec des canots à moteur.

DIELETTE. - Vue de la Cabotière et du Chemin de fer aérien

Mais Dielette, c'est aussi l'une des rares mines existant dans le Cotentin. Ses mines de fer ont été exploitées entre 1862 et 1962. Mais le coût d'extraction, trop élevé, amena la fermeture (puits. La centrale nucléaire de Flamanville s'est installée sur le site par la suite.

La Normandie pittoresque
4720 - DIÉLETTE-sur-MER (Manche). -- Chargement du minerai.

La caractéristique essentielle de la mine était de procéder au chargement du minerai par un convoyeur aérien qui rejoignait les cargos transporteurs, à quelques centaines de mètres, au large des côtes.

LA BASSE NORMANDIE PITTORESQUE
...VILLE (Manche). - Château (XVIIe siècle), construit en 1654 sur les ruines d'un Manoir
Parc magnifique, Orangerie, Chapelle et Étangs poissonneux

...mite sud de La Hague, au nord des Pieux et de Barneville-Carteret. On peut ...fique château bâti aux XVIIe et XVIIIe siècles par les Bazan, marquis de ... magnifique parc de près de vingt hectares.